Cuisine

Par Clare Verbeek, Thembani Dladla
et Zanele Buthelezi
Illustré par Kathy Arbuckle

Library For All Ltd.

Publié par Library For All Ltd
Email: info@libraryforall.org
URL: libraryforall.org

www.africanstorybook.org

Illustrations originales par Kathy Arbuckle

Cuisine
Verbeek, Clare; Dladla, Thembani et Buthelezi, Zanele
ISBN: 978-1-922849-75-5
SKU02849

Cuisine

Je pèle les pommes
de terre.

J'émince un chou.

Je râpe les carottes.

Je lave les fèves.

Je coupe la courge musquée.

Je hache les
épinards.

Ma mère hache
les oignons.

Les oignons me font pleurer quand ils sont hachés.

Vous pouvez utiliser ces questions pour parler de ce livre avec votre famille, vos amis et vos professeurs.

Qu'avez-vous appris de ce livre ?

Décrivez ce livre en un mot. Drôle ? Effrayant ? Coloré ? Intéressant ?

Qu'avez-vous ressenti à la fin de la lecture de ce livre ?

Quelle a été votre partie préférée de ce livre ?

A propos des contributeurs

Library For All travaille avec des auteurs et des illustrateurs du monde entier pour développer des histoires diverses, pertinentes et de grande qualité pour les jeunes lecteurs.

Visitez libraryforall.org pour obtenir les dernières informations sur les ateliers d'écriture, les directives de soumission et d'autres opportunités créatives.

Avez-vous apprécié ce livre ?

Nous avons des centaines d'autres histoires originales sélectionnées par des experts parmi lesquelles vous pouvez choisir.

Nous travaillons en partenariat avec des auteurs, des éducateurs, des conseillers culturels, des gouvernements et des ONG pour apporter le plaisir de la lecture aux enfants du monde entier.

Le saviez-vous ?

Nous créons un impact mondial dans ces domaines en adhérant aux Objectifs de développement durable des Nations Unies.

library forall.org

www.ingramcontent.com/pod-product-compliance
Lightning Source LLC
Chambersburg PA
CBHW040320050426
42452CB00018B/2933